Dime cómo es
tu firma
y te diré quien eres

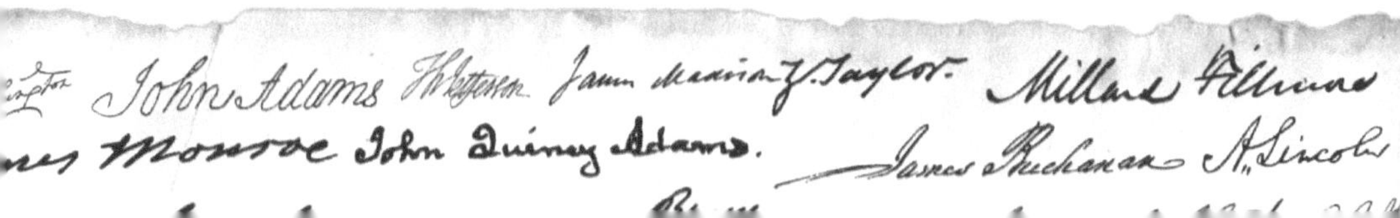

Índice

Prólogo

La Grafología es la ciencia que estudia la personalidad a través del análisis de la escritura manuscrita.

En esta obra nos internaremos en el fascinante mundo de la Grafología que nos permite conocer a una persona teniendo en cuenta las características de su letra.

Desde el momento en que nos decidimos a estudiarla ya nunca más miraremos las letras como lo hacíamos antes, fijaremos nuestra atención en detalles que previamente pasaban inadvertidos y nacerá en nosotros la necesidad de analizar y guardar cualquier escrito que llegue a nuestras manos.

La Grafología no es esotérica, no adivina el futuro, no es mágica. Requiere de un estudio profundo y ordenado de los distintos aspectos que debemos analizar en la letra, para ello se trabaja con elementos de precisión: lupa, regla y escuadra milimetradas, grillas, transportador, etc.

Así como el texto nos permite conocer cómo actúa una persona, como se muestra socialmente, cuáles son sus intereses, sus sentimientos, su energía, la firma es la esencia del sujeto, su verdadera identidad.

La identidad en una persona es el centro, el núcleo de su personalidad. Todos tenemos un estilo de personalidad, pero no todos podemos lograr afirmar nuestra identidad.

Resumiendo:

Texto   =   Personalidad
Firma   =   Identidad

Firmar es como poner un sello propio al finalizar un escrito. Al firmar estamos avalando lo que escribimos, por lo tanto, la firma contiene cierto nivel de responsabilidad por lo se dice y por lo que se hace.
En la actualidad, donde cada vez es mayor la cantidad de personas que no utiliza el texto manuscrito, es interesante el estudio de la firma y la rúbrica, que siempre va a ser de puño y letra.

La firma es la síntesis de nuestra personalidad (Matilde Ras), es nuestro sello personal.

INTRODUCCIÓN

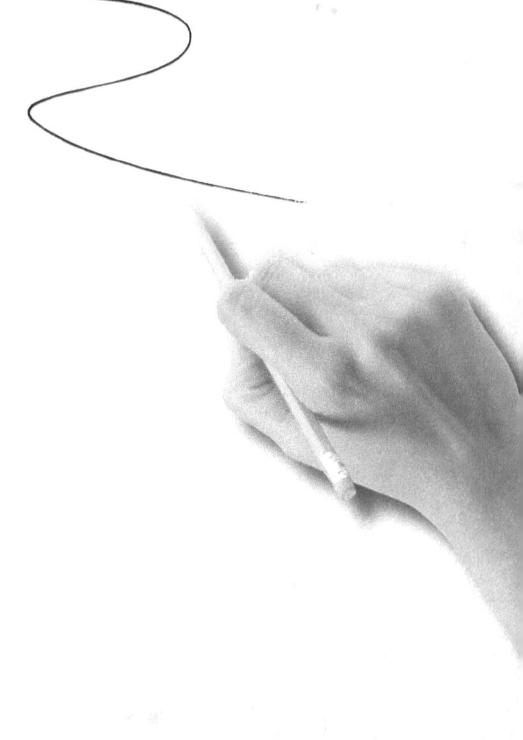

El origen de la escritura

El origen de la escritura (nuestro objeto de estudio) se sitúa históricamente en Mesopotamia, en Summer, antes del año 3000 a.C.

La **escritura mesopotámica** es conocida con el nombre de cuneiforme porque los signos que la componen tienen la forma de una cuña. Esta escritura se generalizó y fue empleada no solo por los pueblos de Mesopotamia, sino también por los de Siria, Palestina, Asia Menor y Persia.

La **escritura jeroglífica**, a diferencia de la anterior, está hecha de dibujos estilizados, cabezas humanas, pájaros, animales, plantas y flores. La palabra jeroglífico significa: "escritura de los dioses".

Es una escritura original y compleja formada por distintos tipos de signos, estos signos son auténticos poemas visuales.

La **escritura china** es un caso único, ya que prácticamente es la misma que en sus comienzos. Al igual que la escritura sumeria o egipcia, los primeros signos fueron dibujos, pictogramas y combinaciones de pictogramas. Su mayor peculiaridad consiste en que un solo sonido pronunciado puede significar varias cosas según cómo se escriba.

La invención del alfabeto fue una conmoción para el mundo de la escritura. Hasta ese momento, para leer y escribir era necesario conocer y manejar una gran cantidad de signos; ahora, con la aparición del alfabeto, con unos treinta signos se puede escribir todo. El primer alfabeto lo inventaron los fenicios con veintisiete letras.

El **alfabeto fenicio,** perfeccionado luego por los griegos, fue adoptado por los romanos y pasó al resto del mundo salvo a los pueblos eslavos que tenían el alfabeto cirílico. El alfabeto fenicio fue la gran revolución en el mundo de la escritura que solo se superó cuando Gutemberg en el siglo XV inventó la imprenta: posteriormente surgieron los alfabetos hebreo, árabe y griego.

Con la **escritura griega** apareció también una de las literaturas más ricas de todos los tiempos, en la que tienen cabida todos los géneros: poesía, teatro, narración, historia y filosofía. Nuestra cultura le debe mucho a la civilización griega.

El **alfabeto latino** se creó hacia el siglo III (a. C.) Constaba de diecinueve letras, a las que luego se añadieron la "x" y la "y". Con la creación del alfabeto latino, los romanos dieron a su imperio un idioma común que ha perdurado hasta nuestros días. Tanto ellos como los griegos fueron los creadores de las primeras gramáticas y de la literatura clásica.

Orígenes de la Grafología

La primera vez que se establece una relación entre la escritura y el carácter fue en 1575, en España. Juan Huarte de San Juan escribió la obra titulada *Examen de ingenios para la ciencia*, donde relaciona la escritura con la personalidad.

En el año 1622, Camilo Baldo, doctor en medicina y profesor de filosofía en Italia, decía que a determinados signos en la escritura le correspondían características de personalidad bien definidas.

En Francia, Jean Hippolyte Michon (1806-1880) asienta las bases científicas de la Grafología, publica su libro *Los misterios de la escritura* y un periódico de Grafología donde analizaba las firmas de los personajes destacados de su época.

Jules Crèpieux-Jamin (1859-1940) continuó con la obra de Michon y es considerado el más grande grafólogo de todos los tiempos, descubrió el doble significado de los signos grafológicos: positivo y negativo.

El filósofo alemán, Ludwing Klages, edita en el año 1917 su libro *Escritura y carácter*.

Klages aportó a la Grafología dos importantes métodos: el nivel formal general y el ritmo de la escritura.

Suiza se destacó con las investigaciones del Dr. Max Pulver con relación al simbolismo del espacio en la escritura. Interesado en los descubrimientos de Freud sobre el inconsciente, realizó un aporte significativo, no solo para la Grafología, sino también aplicable a las interpretaciones de tests proyectivos y dibujos.

Está considerado uno de los genios de la Grafología moderna, descubrió el valor simbólico del espacio y creó la llamada "escuela simbólica".

Escribió, entre otras obras, *El simbolismo de la escritura* (1931) y *El impulso criminal en la escritura*.

Matilde Ras (1881-1969), española, fue una grafóloga de excepción que dedicó su vida al estudio y la investigación de la Grafología, la que divulgó en todos los países de habla hispana, donde era profundamente admirada.

Escribió numerosos libros entre los que destacan *Estudio del carácter por la escritura* (1917), *Grafología (las grandes revelaciones de la escritura)* (1942), *La inteligencia y la escritura en el grafismo* (1945), etc.

También en España Augusto Vels (1917-2000), diplomado en Grafopsicología y Grafopatología en la Universidad Complutense de Madrid, obtuvo 34 diplomas nacionales y extranjeros de Centros de Enseñanza de psicología y grafología.

En 1986 creó la AGC: "Asociación de Grafoanalistas Consultivos de España".

Su primer libro *Tratado de Grafología* se publica en 1945. Pero su obra más importante fue, sin dudas, *Escritura y Personalidad*. Creó el Método de Grafoanálisis que lleva su nombre.

No podríamos hablar de la Grafología en España, sin nombrar al Profesor Mauricio Xandró, quien nació en Bilbao en 1924 y desde hace más de cincuenta años está dedicado al estudio y a la enseñanza de la Grafología.

En 1968 recibe la Diplomatura en Grafopsicología, Grafopatología y Selección de Personal en la Universidad Complutense de Madrid.

Entre sus obras encontramos: *Psicología y Grafología*, *Grafología Elemental*, *Grafología Superior*, *Grafología y Recursos Humanos*, *Grafología para todos*, *Grafología y Complejos*, etc.

En la actualidad vive dedicado a la docencia y preside la Sociedad Española de Grafología, que él mismo fundó en 1975 y que goza de gran reconocimiento internacional.

En Argentina su destacan Federico Aberásturi, Pedro D´Alfonso, Amado Ballandras y Ángel Zarza (investigador en el Hospital Borda).

En el año 1929 se funda, en Buenos Aires, la Sociedad Argentina de Grafología, presidida por Alfonsina Massi Elizalde, Federico Aberásturi y el Premio Nobel Bernardo Houssay. Luego se disolvió.

No debemos olvidar a Curt Augusto Honrot, creador de la llamada Escuela de Grafología Emocional, que continuó con los trabajos del vienés Rafael Shermann.

En 1981 se crea el Colegio de Graduados en Grafología, cuyos principales objetivos fueron jerarquizar y profesionalizar la actividad grafológica en la Argentina. Sus fundadores fueron Pedro José Foglia y la escribana Elvira Bernales.

La Grafología tiene un amplio campo de aplicación:

- En investigación histórica

- Estudios y evolución de la personalidad

- Grafopatologías (detección de enfermedades en la escritura)

- Grafoterapia

- Grafología infanto-juvenil

- Compatibilidad de caracteres

- Selección de personal

- Orientación vocacional

El simbolismo del espacio

(Max Pulver)

Para Max Pulver, la hoja de papel en blanco simboliza el espacio donde la persona se mueve y actúa dirigida por su inconsciente.

Cuando observamos un escrito, una firma o un dibujo, consideramos dos aspectos:

- La hoja en blanco (campo escritural) y
- Las letras o dibujos que se hallan en ella

El simbolismo espacial se aplica tanto a la zona de la hoja donde se escribe o dibuja como al desarrollo de las letras o dibujos.

Para esta Teoría la hoja está "dividida simbólicamente" en cinco zonas:
1. Superior
2. Media
3. Inferior
4. Izquierda
5. Derecha

La **zona superior** representa la espiritualidad, los ideales, el intelecto, lo abstracto.

La **zona media** se refiere a las emociones, la sensibilidad, lo concreto.

La zona inferior representa las necesidades del cuerpo, la movilidad, la sexualidad y lo material y económico, los instintos, lo inconsciente.

A su vez estas tres zonas se dividen en izquierda y derecha.

La zona izquierda corresponde al pasado, a la figura materna, la introversión, la prudencia, la reflexión, los temores, la actitud femenina y pasiva, la familia de origen, el egocentrismo.

La zona derecha se relaciona con la imagen paterna, la iniciativa, el futuro, los proyectos, la sociedad, la profesión, la extroversión, la actitud masculina y activa, la proyección.

Es significativo subrayar que cuando la persona escribe o dibuja en alguna de estas zonas de la hoja, simbólicamente está conectado con lo que significa dicha zona.

Entonces, cuando estamos frente al escrito, podemos decir que si ocupa preferentemente la zona derecha, o si se desarrolla o avanza hacia la misma, la persona es sociable, extrovertida, tiene proyectos, piensa y confía en el futuro.

En el caso contrario, es decir si la zona más importante es la izquierda, el sujeto será introvertido, prudente, tímido, apegado a su madre, al pasado y a su infancia.

Si se desarrolla preferentemente en la zona media, entre el pasado y el futuro, la persona estará centrada en el presente, en sí misma, será emotivo y sensible.

Cuando la zona superior sea la más destacada, corresponderá a un individuo en el que predominan los ideales, lo intelectual, lo espiritual.

El escrito o dibujo donde predomine la zona inferior corresponderá a un individuo positivo, ordenado, práctico, materialista o instintivo.

Finalmente y resumiendo, así como en un principio hemos dividido en 5 (cinco) zonas la hoja (campo escritural), volveremos a aplicar dicho simbolismo a cada letra, palabra, dibujo, firma, etc., aplicándole el mismo significado.

LA EVOLUCIÓN DE LA FIRMA

La firma es como un niño, es decir que tiene un proceso de evolución, de crecimiento, y pasa por distintas etapas.

En la infancia

Es común que cuando los niños comienzan a firmar, traten de imitar la firma de alguna persona que admiren.

Puede ser alguno de los padres, un ídolo, un maestro o cualquier persona por la cual el niño sienta admiración o se identifique. Habitualmente, estas primeras firmas son grandes, claras y legibles.

En la adolescencia

La adolescencia es una etapa conflictiva, de rebeldía, de inestabilidad, donde el adolescente rechaza las normas impuestas por la sociedad, realizando un primer intento de individualizarse, por ser distinto a los demás.

Su firma también sufre esa transformación, ya no imita la de otro sino que quiere y trata de encontrar la suya propia, distinta a las demás, incluso a la suya anterior.

Toda su disconformidad, su rebeldía y su ambivalencia dan lugar a firmas complicadas, raras, con iniciales, a veces muy grandes, otras muy pequeñas (dependiendo de su autoestima), aparecen rúbricas envolventes como signo de protección, en ocasiones la firma aparece tachada simbolizando el descontento consigo mismo.

Firma con iniciales   Firma con rasgos envolvente

Firma pequeña y tachada   Firma tachada y envolvente

Quiero aclarar que en el estudio de las firmas de los niños y adolescentes, la interpretación no es definitiva, ya que las mismas son provisorias o por lo menos deberían serlo. Es importante tener en cuenta la edad y la etapa evolutiva por la que están atravesando.

En la madurez

A medida que el sujeto se va estabilizando, adquiere más seguridad en sí mismo, más confianza, comienza a tener las cosas más claras.

Su firma se va liberando de trazos innecesarios, se hace más clara y más sencilla.

La rúbrica se va haciendo más pequeña y simple, como manifestación de seguridad y autoafirmación.

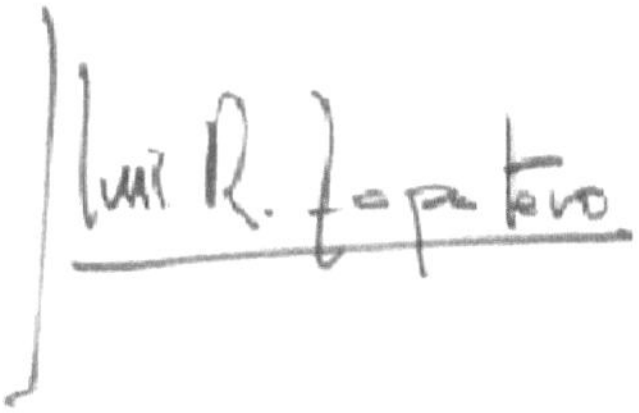

Firma de José Luis Zapatero

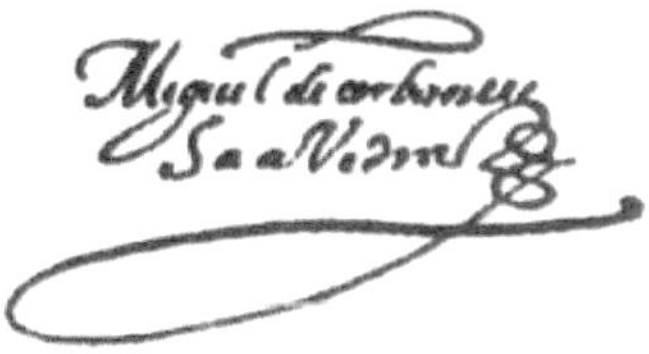

Firma de Miguel de Cervantes Saavedra

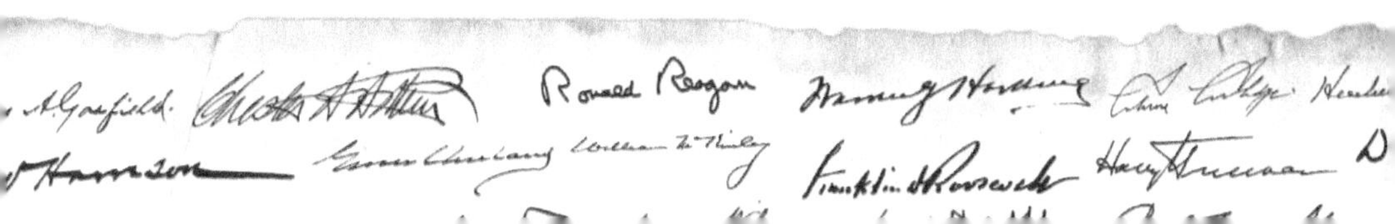

Augusto Vels

Firma de Augusto Vels - Grafólogo español

En la vejez

Acompañando el deterioro físico de la persona, la firma sufre modificaciones, puede ser temblorosa, tener poca presión, etc. Es muy importante, en esta etapa, ver el estado de salud, porque las enfermedades influyen modificando y alterando la escritura y la firma.

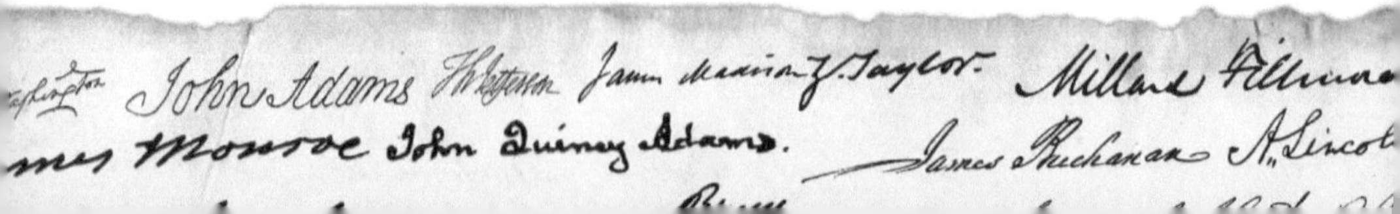

COLOCACIÓN DE LA FIRMA EN LA HOJA

Si le damos a una persona una hoja en blanco (tamaño carta) y le pedimos que haga su firma, el lugar donde la coloque tiene su interpretación.

Firma situada a la izquierda

Interpretación:

- Prudencia
- Timidez
- Introversión
- Indecisión
- Inseguridad
- Temor
- Apego al pasado, a la figura materna
- Dudas que frenan la iniciativa

• Búsqueda de excusas para no actuar y evitar los fracasos y las frustraciones
• Necesidad de protección y comunicación con las personas de su confianza
• Dificultades para exteriorizar los sentimientos

Firma situada en el centro

Interpretación:

• Reflexión
• Control de los impulsos
• Moderación en la demostración de los afectos
• Pasividad

- Equilibrio entre intelecto y emociones
- Dificultades para superar etapas y asumir riesgos
- Deseos de llamar la atención
- Selección meticulosa de las amistades

Firma situada a la derecha

Interpretación:

- Iniciativa
- Entusiasmo
- Empuje para lograr los objetivos
- Vehemencia
- Impulsividad

- Sociabilidad
- Extroversión

COMPONENTES DE UNA FIRMA

La firma consta de: **nombre, apellido y rúbrica.**

En la firma, tanto el nombre como el apellido tienen un simbolismo grafológico concreto.

Veamos:

• Nombre

El nombre representa la personalidad íntima e individual, el rol familiar.

• Apellidos

El apellido simboliza el rol social y profesional.

• Rúbrica

La rúbrica está compuesta por trazos que acompañan al nombre y al apellido.

El nombre

El niño pequeño puede que no conozca su apellido, pero no ignora su nombre, que generalmente es lo primero que escribe.

Es el verdadero yo, íntimo, con sus recuerdos, sus experiencias, sus alegrías y sus tristezas.

Si el adulto sigue ligado a su infancia, si tiene recuerdos gratos de la misma, tendrá afecto por su nombre, y si logra concretar sus metas, se sentirá inconscientemente satisfecho de llevarlo y de engrandecerlo.

Muchos artistas emplean su nombre de pila.

El apellido

El apellido adquiere importancia con el paso de los años: representa al Yo social y profesional.

La rúbrica

La rúbrica es un dibujo espontáneo, inconsciente, que acompaña a la firma. Justamente por ser inconsciente es muy rica en contenidos simbólicos.

No hay normas ni reglas específicas para el dibujo de la misma.
Existen tantas rúbricas como personas.

Firma con predominio del apellido
Pablo Neruda

Firma con predominio del nombre
Reina Sofía de España

Firma con nombre y apellido en equilibrio
Arturo Toscanini

En algunas ocasiones el nombre y el apellido tienen la misma importancia, el mismo tamaño, la misma forma, la misma presión, etc. Pero en otras uno de los dos prevalece sobre el otro.

Veamos algunos ejemplos con su interpretación:

Firma con predominio del nombre

Decimos que en una firma predomina el nombre cuando:

1. El nombre está completo y el apellido no
2. Solo el nombre integra la firma
3. Cuando el apellido está tachado
4. El nombre tiene mayor tamaño que el apellido

Interpretación:

- Predominio del rol familiar sobre el social
- Apego al pasado, a la madre, a la infancia
- Nostalgia
- Deseos de ser protegido

Nicolas Cage

Marilyn Monroe

Firma con predominio del apellido

En una firma predomina el apellido cuando:
1. El apellido está completo y el nombre no
2. Solo el apellido conforma la firma
3. El nombre está tachado
4. El apellido tiene mayor tamaño que el nombre

Interpretación:

- Predominio del rol social o profesional
- Importancia profesional lograda con esfuerzo propio
- Identificación con el padre

Martin Scorsese

Gerard Depardieu

Uso del segundo apellido

Existen tres razones para destacar el segundo apellido:

• Por ser el símbolo materno y como un detalle de afecto.

• Por ser el símbolo del marido como una manifestación de amor.

• Por ser el apellido paterno muy común o también por una mala relación con el propio padre.

COMO ANALIZAR UNA FIRMA

Cuando estamos frente a una firma debemos tener en cuenta los siguientes aspectos:

- La legibilidad
- El orden
- La forma
- El tamaño
- La dirección
- La inclinación
- La continuidad
- La presión
- La velocidad

Legibilidad de la firma

FIRMA LEGIBLES

Es legible cuando se lee perfectamente o cuando a pesar de no leerse todas las letras de corrido, distinguimos formas de letras y cada una guarda su lugar. La legibilidad se da en distintos grados. Si se leen con facilidad el nombre y el apellido el significado es el siguiente:

- Claridad de ideas
- Persona que asume responsabilidades
- Responsabilidad
- Conforme consigo mismo, con sus méritos y con sus posibilidades

Cuando las firmas son parcialmente legibles, es decir que, si bien se distinguen algunas letras, existen dificultades para su lectura, la interpretación es:

- Cierta tendencia a eludir responsabilidades
- Impaciencia
- Ansiedad

Veamos algunos ejemplos de firmas con distintos grados de legibilidad.

Charles Chaplin

Walt Disney

Vinicius de Moraes

John Lennon

Tabaré Vázquez

Henry Kissinger

FIRMAS ILEGIBLES

Es la firma que no se lee, pueden ser auténticos garabatos en los cuales las letras resultan imposibles de identificar.
Interpretación:
• Temor a asumir responsabilidades
• Persona que oculta sus intenciones
• Posible sentimiento de inferioridad

Si las deformaciones son debidas a la rapidez o al hecho de firmar mucho, la interpretación es la que sigue:
• Dinamismo, vivacidad, impaciencia
• Poca atención a los detalles
• Necesidad de hacer varias cosas a la vez

Firma ilegible lenta   Firma ilegible rápida

Firma ilegible lenta

El orden

Decimos que una firma tiene orden cuando, además de ser legible, está "organizada", es decir que está situada correctamente, y cada letra conserva su lugar, además la distancia entre palabras y entre letras es la correcta.

El caso contrario, es decir cuando es ilegible y no guarda cierto orden, decimos que se trata de una firma desorganizada.

LAS FIRMAS ORGANIZADAS INDICAN:

- Persona ordenada
- Buena distribución del tiempo y las actividades
- Facilidad para adaptarse

• Ideas claras

Ramiro de Maeztu

Albert Schweitzer

Firmas ordenadas - organizadas

LAS FIRMAS DESORGANIZADAS SIGNIFICAN:

• Dificultades para organizarse
• Bajo rendimiento
• Dificultades de adaptación
• Confusión interna

Firmas desordenadas - desorganizadas

La forma

La forma es el aspecto que nos revelará la manera de comportarse, de adaptarse y relacionarse de un individuo. En la forma se descubre la originalidad del artista y la vulgaridad de las formas pretenciosas y encubridoras de una personalidad inferior. Es tal vez el aspecto más interesante del análisis.

De acuerdo con este aspecto, las firmas pueden ser:

FIRMAS DE FORMAS CURVAS

Interpretación:

• Flexibilidad
• Adaptación
• Altruismo
• Amabilidad
• Seducción
• Aptitudes creativas
• Pereza
• Persona influenciable

Walt Disney

FIRMA DE FORMAS ANGULOSAS

Interpretación:

- Firmeza en las decisiones
- Seguridad en sí mismo
- Cierta agresividad, pero esta no siempre es negativa, ya que para lograr un objetivo se requiere cierta dosis de agresividad, de lucha y de esfuerzo
- Introversión
- Energía
- Disciplina
- Rigidez
- Persona muy exigente consigo misma y con los demás
- Dificultades para demostrar los sentimientos
- Frialdad
- Don de mando

Sigmund Freud

FIRMA EN FORMA DE ARCOS

Interpretación:

- Autoprotección por temor, desconfianza o inmadurez
- Reserva
- Prudencia
- Introversión
- Discreción
- Persona amable pero formal
- Necesidad de sentirse importante y de ser halagado
- Tendencia a conceder más importancia a las apariencias que al fondo de las cosas
- Si la firma es negativa: falta de franqueza

Vladimir Putin

FIRMA CON FORMAS DE GUIRNALDAS

Interpretación:

- Persona abierta, afectuosa y receptiva
- Amabilidad

- Sociabilidad
- Credulidad
- Imaginación
- Pereza
- Extroversión
- Falta de firmeza para luchar contra los obstáculos
- Ciclotimia

FIRMA CON FORMAS FILIFORMES

Interpretación:

- Dinamismo
- Capacidad para resolver situaciones sobre la marcha
- Creatividad y originalidad
- Diplomacia
- Talento político
- Sutileza
- Astucia
- Imprecisión, disimulo
- Evasión de las responsabilidades
- Aptitud para sacar provecho de las oportunidades

Henry Kissinger

El tamaño

El tamaño de las letras de la firma se relaciona con la autoestima, con la confianza en sí mismo. Es importante no solo el tamaño de las letras de la firma, sino su relación con letras del texto. Especialmente las mayúsculas que representan al Yo.

FIRMA DE MAYOR TAMAÑO QUE EL TEXTO

Interpretación:

La persona se siente más importante de lo que demuestra. Tiene orgullo y confianza en sí misma. Es ambiciosa, le gusta ser vista, no pasar inadvertida.

Necesita el reconocimiento de sus méritos, quiere triunfar en la vida.

Pier Ángeli

FIRMA DE MENOR TAMAÑO QUE EL TEXTO

Interpretación:

Si se trata de una firma legible y clara, se trata de una persona sencilla y modesta.

Si la firma es negativa puede tratarse de falsa modestia, sentimiento de inferioridad, descontento de sí mismo, baja autoestima, persona que oculta sus ambiciones y sus deseos de reconocimiento.

FIRMA DE IGUAL TAMAÑO QUE EL TEXTO

Interpretación:

Exacta valoración de sí mismo. La persona sabe lo que vale y se muestra tal como es. Se mueve en la sociedad con la importancia que a su juicio le corresponde.

Margaret Thatcher

La dirección

La dirección de las líneas es el reflejo de las fluctuaciones del ánimo, del humor y de la voluntad.

La línea expresa la forma en que el escritor afronta los obstáculos que se interponen a los objetivos deseados. ¿Enfrenta estos obstáculos con confianza, con serenidad, con nerviosismo, con la inseguridad del que duda poder llegar...?

La dirección de las líneas pone de manifiesto el grado de madurez, de estabilidad y de constancia del carácter.

FIRMA ASCENDENTE

Interpretación:

- Resistencia frente a las dificultades
- Optimismo
- Ambiciones
- Idealismo, ideas innovadoras
- Confianza en sí mismo

Julio Iglesias

FIRMA DESCENDENTE

Es aquella cuya línea de base va descendiendo del renglón.

Interpretación:

- Tendencia a desanimarse con facilidad
- Falta de confianza en sí mismo
- Baja resistencia frente a las dificultades
- Cansancio
- Agotamiento
- Tristeza
- La persona puede estar enferma o convaleciente de una enfermedad

FIRMA HORIZONTAL

Es la firma que en su base sigue una línea recta.

Interpretación:

- Estabilidad en el ánimo
- Marcado sentido de la responsabilidad

- Equilibrio emocional
- Dominio de sí mismo

Claude Debussy

FIRMA SINUOSA

Es aquella que en su línea de base presenta sinuosidades, es decir que asciende y desciende alternativamente.

Interpretación:

- Capacidad de adaptación
- Variaciones de ánimo
- Dudas
- Flexibilidad
- Inestabilidad

La inclinación

La inclinación nos hablará de la necesidad del sujeto de vincularse con los demás, de participar, de la necesidad de la presencia de los demás para satisfacer sus impulsos en la esfera sentimental o sensorial.

La velocidad influye en la inclinación, cuanto más rápida sea la letra, más se inclinará hacia la derecha.

FIRMA INCLINADA

Es cuando la firma mide menos de 90º.

Interpretación:

- Persona sociable y afectuosa
- Extrovertida
- Emprendedora
- Se integra con facilidad al medio
- Poco cautelosa
- Puede perder el control con facilidad (si son muy inclinadas)

Fidel Castro

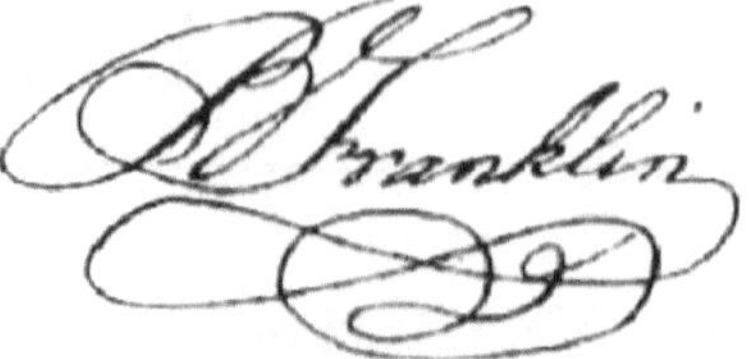

Benjamín Franklin

FIRMA INVERTIDA

Es la firma que se inclina hacia la izquierda.

Interpretación:

- Introversión
- Subjetividad
- Espera que otros le resuelvan los problemas
- Insegura
- Pasiva
- Le cuesta establecer relaciones por no poder despegarse de la figura materna

FIRMA RECTA

La inclinación oscila ligeramente en los 90º.

Interpretación:

- Recursos prácticos
- Capacidad de concentración y de síntesis
- Seguridad
- Autocontrol de las emociones
- Serenidad
- Decisión
- Puede llegar a ser intransigente

Federico García Lorca

La continuidad

La continuidad expresa el grado de equilibrio y regularidad en las tendencias, en las necesidades y en la conducta de un individuo.

Refleja el grado de perseverancia y de estabilidad en las ideas y en el modo de ser y hacer.

Cuando hablamos de continuidad tenemos que ver si las letras están "unidas" entre sí, es decir, ligadas o si están sueltas.

De acuerdo con este aspecto, las firmas pueden ser:

FIRMA AGRUPADA

Las palabras están enlazadas en grupos de dos, tres o más letras.

Interpretación:

- Capacidad de adaptación
- Equilibrio
- Armonía entre teoría y práctica
- Gusto selectivo
- Constancia

José Luis Zapatero

FIRMA LIGADA

Las letras de la firma se enlazan entre sí, los movimientos son constantes e ininterrumpidos.

Interpretación:

- Pensamiento deductivo
- Tenacidad, constancia
- Continuidad en el trabajo
- Relaciones estables
- Sociabilidad
- Buena memoria

FIRMA DESLIGADA

En este caso, las letras aparecen separadas unas de otras.

Interpretación:

- Introversión
- Aislamiento
- Falta de sentido práctico
- Disociación entre pensamiento y acción
- Falta de constancia en el trabajo

La presión

La presión es un claro exponente del nivel de energía física y mental y del grado de salud o enfermedad.

También está relacionada con los gustos estéticos, la tenacidad y la agresividad.

Es la acción que hacemos con la pluma sobre el papel, es la fuerza que tiene el grafismo.

El exceso de presión es tan negativo como la falta de la misma.

En la presión es muy importante el elemento que usamos para escribir.

Para analizar este aspecto es imprescindible trabajar con originales.

FIRMA CON PRESIÓN FUERTE

Los movimientos son tensos, rectos, firmes y seguros, no presentan ondulaciones ni flexiones. La persona presiona con seguridad y solidez sobre el papel.

Interpretación:

- Seguridad en las convicciones
- Buen nivel de energía
- Firmeza, decisión
- Constancia
- Buen rendimiento
- Fuerza de voluntad
- Resistencia a la fatiga

Napoleón Bonaparte

San Ignacio de Loyola

Cuando la presión es excesivamente fuerte, se convierte en negativa, nos indica agresividad, imposición, deseos de mandar, nerviosismo, tensión que puede descargarse agresivamente.

Adolf Hitler

FIRMA CON PRESIÓN DÉBIL

Es la firma que se realiza apoyando de forma muy ligera el útil sobre el papel. Los movimientos son ondulantes, más o menos flojos. El trazado tiene poca tensión. Puede haber pequeños fallos, roturas que interrumpen el trazo. Quedan zonas con el tono debilitado.

Interpretación:

- Timidez
- Inhibición
- Debilidad física
- Inseguridad
- Energía que se agota con facilidad
- Poca resistencia frente a los obstáculos

La velocidad

La velocidad con que se realiza una firma expresa el dinamismo de la persona, su rapidez para asimilar conocimientos, para reaccionar y para resolver problemas.

Con respecto a este aspecto, podemos encontrar:

FIRMA RÁPIDA

La firma se realiza en muy poco tiempo y por lo general está ligada.

Interpretación:

- Necesidad de alcanzar los objetivos rápidamente
- Agilidad mental, vivacidad
- Facilidad para resolver situaciones sobre la marcha
- Rápida asimilación de conocimientos
- Impaciencia
- Impulsividad
- En el trabajo puede predominar la cantidad sobre la calidad

FIRMA LENTA

Los trazos son realizados con lentitud, generalmente son curvas, adornadas, con trazos innecesarios.

Interpretación:

- Carácter apacible, tranquilo
- Necesita tiempo para resolver situaciones

- Capacidad de observación y de concentración
- Pasividad
- Indecisión

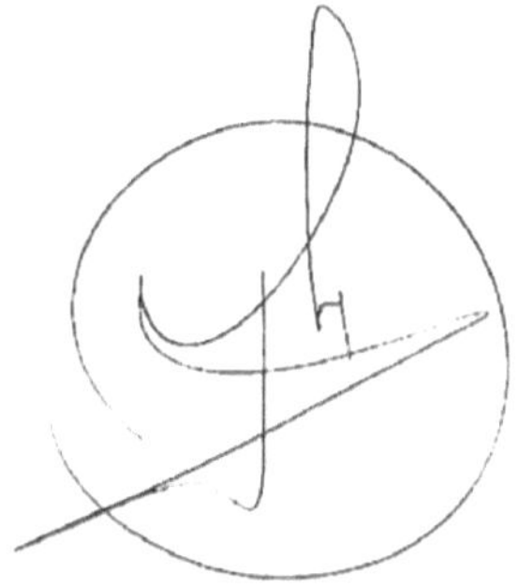

Salvador Dalí

Reina Elizabeth de Inglaterra

COMPARACIÓN TEXTO-FIRMA

Lo más importante al estudiar la firma es contemplarla como un verdadero contraste de la personalidad.

Lo ideal, al analizar una firma, es estudiarla simultáneamente con el texto, porque hallamos en ambos igualdades y contrastes que determinan la interpretación.

Identidad texto-firma

Es cuando el texto y la firma coinciden en todos los aspectos (aunque es bastante raro que esto ocurra), significa que la persona se muestra y actúa tal cual es. Hay coherencia entre pensamiento y acción.

Nos hablaremos por teléfono.

un abrazo cordial

Zarza

Identidad texto-firma
Zarza

Discordancia texto-firma

Es cuando el texto y la firma coinciden en algunos aspectos y en otros no. En este caso tenemos que ver en qué aspectos no hay coincidencia y hacer la comparación y diferenciación correspondientes. Las diferencias indican conflictos en la personalidad entre lo que quiere o piensa la persona y lo que hace. Esta posibilidad es la que observamos con mayor frecuencia.

Discordancia texto-firma
Salvador Dalí

OPOSICIÓN TEXTO-FIRMA

En este caso el texto y la firma no solo no coinciden en ningún aspecto, sino que son opuestos en todos (por ejemplo: texto pequeño-firma grande, texto inclinado-firma invertida, texto curvo-firma angulosa, etc.). Estamos frente a una persona con-tradictoria, con luchas internas y un desequilibrio notable.

Oposición texto-firma
Hugo Chávez

LA RÚBRICA

La rúbrica es una especie de dibujo inconsciente que simboliza cómo la persona se protege del exterior, a través de mecanismos defensivos. Podríamos graficarla como una "coraza" que protege simbólicamente al sujeto.

Según Matilde Ras, "en la rúbrica vemos las más secretas ambiciones de la persona".

No existe norma alguna para hacer el garabato de la rúbrica.

Al madurar el individuo, al robustecer su personalidad va prescindiendo de la rúbrica. El nombre, más pequeño al principio, aumenta de tamaño, legibilidad e importancia a medida que aumenta la seguridad en sí mismo.

La simplificación de la rúbrica es el resultado de ir desde la complicación natural infantil hacia la madurez o superioridad.

La rúbrica sencilla como un logro personal es sinónimo de robustecimiento de la personalidad.

Tipos de rúbrica

RÚBRICAS SENCILLAS

Consiste en uno o varios rasgos que aparecen bajo la firma y que le sirven de apoyo.

Interpretación:
- Confianza en sí mismo
- Naturalidad y sencillez
- Autoafirmación
- Madurez

Marcos Aguinis

RÚBRICAS CURVAS

Son aquellas que están compuestas por trazos curvos.

Interpretación:
- Diplomacia
- Extroversión
- Sociabilidad

RÚBRICAS ENVOLVENTES

La firma está rodeada por un círculo protector. Algunos dicen que esta firma está en estado fetal.

Interpretación:
- Fijación a la madre
- Necesidad de protección, de sentirse seguro
- Dificultades para independizarse
- Actitud defensiva
- Rechazo por la vida social

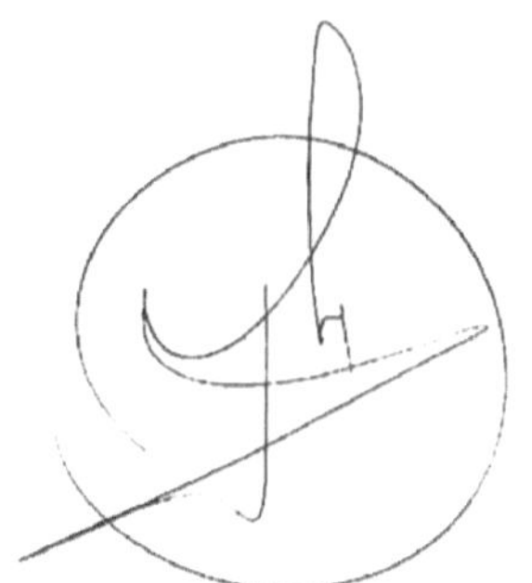

RÚBRICAS CON LAZOS

Interpretación:
- Espontaneidad
- Facilidad para relacionarse
- Expresividad
- Habilidad comercial

RÚBRICA EN "BOCA DE LOBO" EN FORMA DE "C"

Interpretación:

- Actividad comercial
- Voluntad de poder
- Tenacidad
- Reserva
- Astucia

RÚBRICA ENMARAÑADA

Los trazos se entrecruzan formando una verdadera maraña.

Interpretación:

- Falta de claridad y transparencia en las intenciones
- Confusión de ideas

RÚBRICA QUE PROTEGE LA FIRMA

Es un rasgo curvo que protege la firma como un brazo protector.

Interpretación:

- Temores
- Búsqueda de protección

RÚBRICAS ANGULOSAS

El ángulo es el trazo que más abunda en su estructura.

Interpretación:

- Energía
- Dureza
- Predominio de la razón sobre los sentimientos
- Dificultades para relacionarse

RÚBRICA CON ÁNGULO A LA DERECHA

Interpretación:

- Defensa de la intrusión de los de afuera (desconocidos, extranjeros, etc.)
- Desconfianza
- Agresión hacia los demás, temor y defensa agresiva hacia el futuro

RÚBRICA CON ÁNGULOS APUNTANDO A LA IZQUIERDA

Interpretación:

- El ángulo es agresivo, si además aplicamos la simbología del espacio de Max Pulver situaremos dicho elemento hiriente dirigido a la zona del origen, los padres, el nacimiento, el propio Yo
- Posibilidad de autoagresión (descuido en lo que toma, bebe, etc.)
- Autocrítica
- Resentimiento manifestado astutamente
- Problemática intrafamiliar (posible problema) sin resolver

RÚBRICA QUE TACHA LA FIRMA

No se refiere únicamente a que la firma esté totalmente tachada, basta que uno o varios rasgos estén trazados sobre la firma.

Interpretación:

- Autocrítica
- Descontento consigo mismo
- Intranquilidad y preocupación
- Necesidad de cambiar
- Agresividad consigo mismo

RÚBRICA ENTRE PARALELAS

Las paralelas pueden ser verticales u horizontales, y pueden ser líneas o prolongaciones de alguna letra.

Interpretación:

- Metas concretas
- Búsqueda de puntos de apoyo y barreras protectoras para no desviarse de sus planes
- Deseos de seguir una conducta estricta

• Búsqueda de seguridad
• Autolimitación

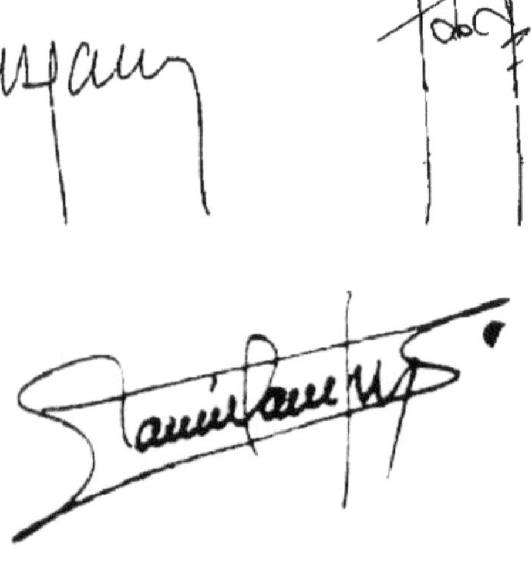

PUNTOS TRAS LA FIRMA

Interpretación:

- Prudencia
- Capacidad de síntesis
- Desconfianza ante el porvenir
- Puntualización mediante la última palabra dicha
- Puntualización de las obligaciones de los demás y las propias
- Los puntos en la firma se interpretan como inseguridad, necesitar un "punto de apoyo"

PUNTO Y RAYA

Interpretación:

- Es común en las firmas de escribanos
- Desconfianza
- El punto y raya es una doble muralla, necesidad de poner cada cosa en su lugar

RÚBRICA EN ZIG-ZAG

Interpretación:

- Astucia para alcanzar las metas y situarse
- Entusiasmo
- Criterios volubles
- Impaciencia, dinamismo, nerviosismo si el zig-zag es anguloso

RÚBRICA EN PROLONGACIÓN HORIZONTAL

La rúbrica se convierte en un trazo más o menos prolongado de la firma en dirección horizontal.

Interpretación:

- Iniciativa
- Dinamismo
- Agresividad
- Impaciencia
- Ansiedad

RÚBRICA QUE SUBRAYA EN LA PARTE SUPERIOR

Interpretación:

- Protección contra las ideas ajenas y ocultación de las propias
- Protección contra alguna "fuerza superior temible"
- Representa también al padre protector

SUBRAYADO DOBLE

Interpretación:

- Necesidad de dar excesiva importancia a lo que se dice o hace
- Sentimiento de impotencia o fracaso
- Deseo de imponer las propias ideas
- Deseo obsesivo de tener razón

RÚBRICA CON UNA O DOS TILDES QUE CORTAN LA LÍNEA

Interpretación:

- Habilidad para las relaciones humanas
- Persona pendiente de los más mínimos detalles
- Dramatismo
- Perfeccionismo

RÚBRICA ANTES DE FIRMAR

Interpretación:

- Persona que planifica sus actividades, no deja nada librado al azar
- Prepara el terreno antes de actuar, no se lanza si no está segura de los resultados
- Organizada y metódica
- Reflexiva

RÚBRICA CON SÍMBOLOS

Estos símbolos pueden ser cruces, círculos, estrellas, números, etc. Este tipo de rúbricas es frecuente en la firma de los adolescentes.

Interpretación:

- Deseos de originalidad
- Conducta exhibicionista

FIRMAS DESVALORIZADAS

Consideramos que una firma está desvalorizada cuando en la misma aparecen algunas de las características siguientes:

- Firma tachada
- Supresión del nombre o del apellido
- Reemplazo por iniciales
- Invertir el orden de ejecución
- Firma de menor tamaño que el texto
- Firma de menor presión que el texto
- Firma con menor cuidado en la ejecución que el texto
- Firma ilegible
- Sustitución de la firma por un garabato

Cuando una firma tiene aspectos desvalorizados indica que la persona que la realiza está descontenta con alguna de las características de su personalidad. Este descontento tendrá distintos grados según sean los aspectos devalorizados.

Firmas con aspectos desvalorizados

CONCLUSIÓN

¿Por qué existen tantas firmas como personas? ¿Cuándo se comienza a firmar? ¿La firma debe mantenerse igual en el tiempo o debe cambiar? ¿Por qué ante algún hecho importante la firma se modifica? Estas y muchas otras preguntas son escuchadas a diario con respecto a las firmas.

Desde niños escribir nuestro nombre nos hacía sentir únicos, nos identificaba, era como dejar nuestra huella personal.

Esa primera firma, que probablemente mantenga sus rasgos básicos hasta el presente, se ha ido modificando, acompañándonos en nuestro proceso evolutivo.

Cuando aprendimos a escribir, transitamos distintas etapas de aprendizaje, primero copiamos las letras y luego tratamos de formarlas correctamente. A las letras les siguieron las palabras y por último las oraciones con las cuales podíamos expresar una idea.

Pero con la firma no se expresan ideas, ella es libre, única e individual. A firmar, no se enseña ni se aprende, no hay reglas establecidas, puede ser un dibujo, un garabato, un nombre, etc., por lo tanto es totalmente inconsciente y su interpretación nos permite descubrir características personales que no se observan ni siquiera en la letra.

Si bien es cierto que no es conveniente analizar las firmas sin el texto correspondiente, porque nos perdemos una parte importante del análisis que surge de la comparación entre ambos, creo que, con el uso frecuente de la computadora, cada vez se escribe menos, por lo que debemos tratar de extraer la mayor cantidad posible de información de la firma.

Por último, es mi intención que este libro les sea de utilidad para conocerse a sí mismos y a quienes los rodean.

Con los conocimientos básicos expuestos podrán realizar un sencillo análisis grafológico de la firma y la rúbrica.

Si con esto consigo despertar su curiosidad por esta apasionante ciencia, doy por cumplido el objetivo de esta obra.